www.VedicVidyalay.org
info@VedicVidyalay.org
Tel:(732) 305-0509

वैदिक विद्यालय: Vedic Vidyalay

A New Jersey non-profit volunteer organization

School of Indian languages, Arts and Sciences

I0386678

वर्ग समय प्रार्थना — Prayer before class

सरस्वति नमस्तुभ्यं वरदे कामरूपिणि।
विद्यारम्भं करिष्यामि सिद्धिर्भवतु मे सदा॥
गुरुर्ब्रह्मा गुरुर्विष्णु: गुरुर्देवो महेश्वर:।
गुरु: साक्षात्परं ब्रह्म तस्मै श्रीगुरवे नम:॥
ॐ सह नाववतु सह नौ भुनक्तु
सह वीर्यं करवावहै।
तेजस्विनावधीतमस्तु मा विद्विषावहै॥
ॐ शांति: शांति: शांति: ।

sarasvati namastubhyaṁ varadē kāmarūpiṇi
vidyārambhaṁ kariṣyāmi siddhirbhavatu mē sadā
gururbrahmā gururviṣṇu: gururdēvō mahēśvara:
guru: sākṣātparaṁ brahm tasmai śrīguravē nama:
ōm̐ sah nāvavatu sah nau bhunaktu
sah vīryaṁ karavāvahai
tējasvināvadhītamastu mā vidviṣāvahai
ōm̐ śāṁti: śāṁti: śāṁti:

प्रात: प्रार्थना — Morning Prayer

कराग्रे वसते लक्ष्मी: करमूले सरस्वती।
करमध्ये तु गोविन्द: प्रभाते करदर्शनम् ॥
समुद्रवसने देवी पर्वतस्तन मण्डले।
विष्णुपत्नी नम्स्तुभ्यं पादस्पर्शं क्षमस्वमे॥

karāgrē vasatē lakṣmīḥ karamūlē sarasvatī
karamadhyē tu gōvindaḥ prabhātē karadarśanam
samudravasanē dēvī parvatastan maṇḍalē
viṣṇupatnī namstubhyaṁ pādasparśaṁ kṣamasvamē

जेवण समय प्रार्थना — Mealtime prayer

यज्ञशिष्टाशिन: सन्तो मुच्यन्ते सर्वकिल्बषै:।
भुज्यन्ते ते त्वघं पापा ये पचन्त्यात्म कारणात् ॥
यत्करोषि यदश्नासि यज्जुहोषि ददासि यत्।
यत्तपस्यसि कौन्तेय तत्कुरुष्व मदर्पणम् ॥
अहं वैश्वानरो भूत्वा प्राणिनां देहमाश्रित: ।
प्राणापानसमायुक्त: पचाम्यन्नं चतुर्विधम् ॥
ॐ सह नाववतु सह नौ भुनक्तु
सह वीर्यं करवावहै।
तेजस्विनावधीतमस्तु मा विद्विषावहै॥
ॐ शांति: शांति: शांति:।

yajñaśiṣṭāśina: santō mucyantē sarvakilbaṣai:
bhujyantē tē tvaghaṁ pāpā yē pacantyātm kāraṇāt
yatkarōṣi yadaśnāsi yajjuhōṣi dadāsi yat
yattapasyasi kauntēy tatkuruṣv madarpaṇam
ahaṁ vaiśvānarō bhūtvā prāṇināṁ dēhamāśrita:
prāṇāpānasamāyukta: pacāmyannaṁ caturvidham
ōm̐ sah nāvavatu sah nau bhunaktu
sah vīryaṁ karavāvahai
tējasvināvadhītamastu mā vidviṣāvahai
ōm̐ śāṁti: śāṁti: śāṁti:

Dear Students and Parents,

This book uses a transliteration scheme with Latin alphabet, please see the table below to familiarize. For long matras a bar above letter is used like ā as in "card". Another difference is c for च as in chat. The ट series has a dot at bottom like ṭ . For bindu an ṁ is used.

Vedic Vidyalay editing group

अ	आ	इ	ई	उ	ऊ	ऋ
a	ā	i	ī	u	ū	ṛ

ए	ऐ	ओ	औ	अं	अः
ē	ai	ō	au	aṁ	aḥ

क	ख	ग	घ	ङ
ka	kha	ga	gha	ṅa
च	छ	ज	झ	ञ
ca	cha	ja	jha	ña
ट	ठ	ड	ढ	ण
ṭa	ṭha	ḍa	ḍha	ṇa
त	थ	द	ध	न
ta	tha	da	dha	na
प	फ	ब	भ	म
pa	pha	ba	bha	ma

य	र	ल	व
ya	ra	la	va
श	ष	स	ह
śa	ṣa	sa	ha

ळ	क्ष	ज्ञ
ḷa	kṣa	jña

अक्षरमाला

akṣaramālā

A Beginners book for Marathi

सम्पादन समूह: भूपेन्द्र मौर्य मंजू मौर्य
पराग पत्की अपर्णा अभ्यंकर
स्नेहा काटकर

प्रकाशक: वैदिक विद्यालय Vedic Vidyalay

SCHOOL OF INDIAN LANGUAGES, ARTS, AND SCIENCES

http://www.VedicVidyalay.org

Tel: +1(732) 305-0509

अ अ अ अ अ अ अ

a as in cup

अननस ananas

Pineapple

अजगर ajagar

Python

अभ्यास abhyās

Practice

आ

आ आ आ आ आ आ आ

ā as in Far

आग āg

Fire

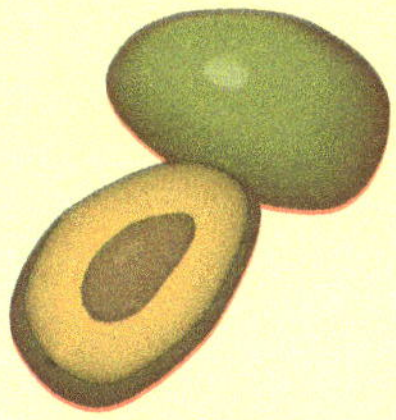

आंबा āṁbā

Mango

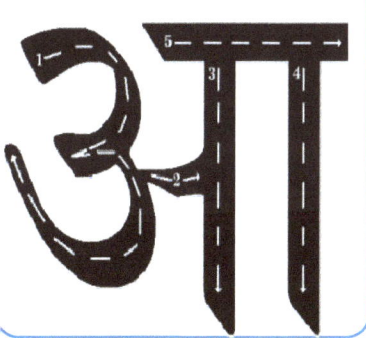

आकाश ākāś

Sky

इ इ इ इ इ इ इ

i as in hit

इतिहास itihās

History

इस्तरी istarī

Iron

इडली iḍalī

Idalee

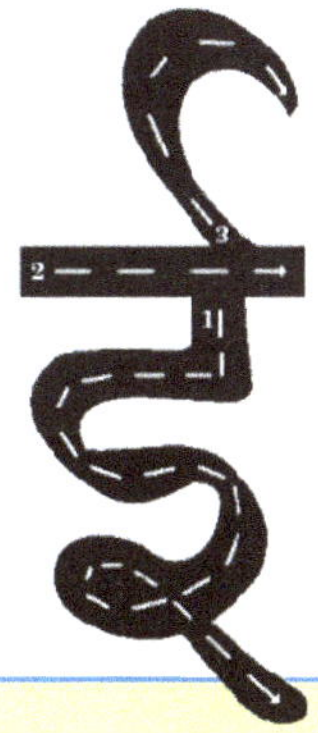

ī as in meet

ईश्वर īśvar

God

ईडलिंबू īḍaliṁbū

Lemon

ईमानदारी īmānadārī

Honesty

उ उ उ उ उ उ उ

u as in p<u>u</u>t

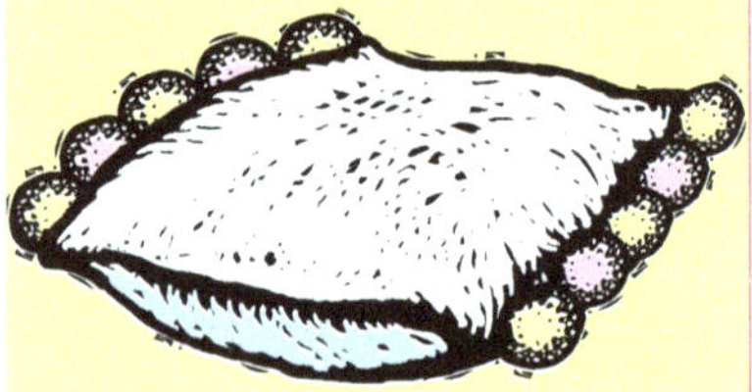

उशी uśī

Pillow

उलटी ulaṭī

Upside down

उडी uṛī

To Jump

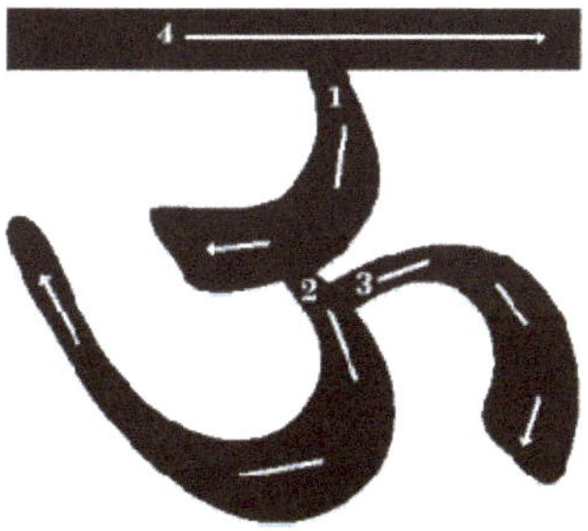

ū as in B<u>oo</u>t

ऊस ūsa

Sugar cane

ऊर्णा ūrṇa

Wool

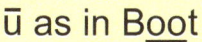

ऊँट ūm̐ṭ

Camel

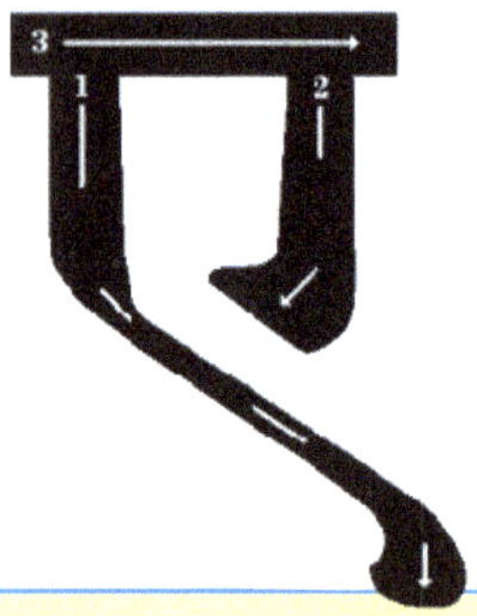

ए ए ए ए ए ए ए

ē as in air

एक ēk

One

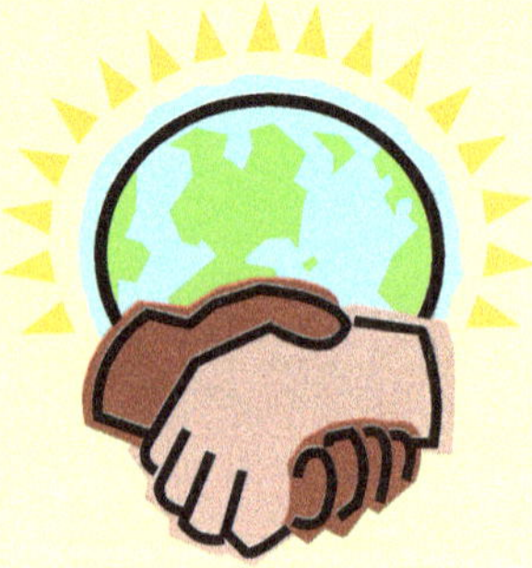

एकता ēkatā

Unity

एकत्र ēkatr

Gather

ऐ ऐ ऐ ऐ ऐ ऐ ऐ

ai as in bang

ऐरण airaṇa

Anvil

बैल baila

Bull

पैसा paisā

1/100th of Rupee

ओ

ō as in st<u>o</u>re

ओढा ōḍhā

Brook

ओठ ōtha

Lips

au as in ounce

औषध auṣadha

Medicine

चौकस caukasa

Courtyard

औद्योगीकरण audyōgīkaraṇ

Industrialization

अं

aṁ as in sung

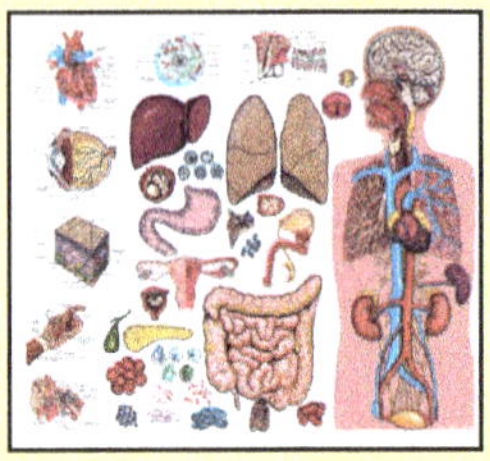

अंग aṁg

Body Part

अंत aṁt

End

अंडे aṁḍe

Egg

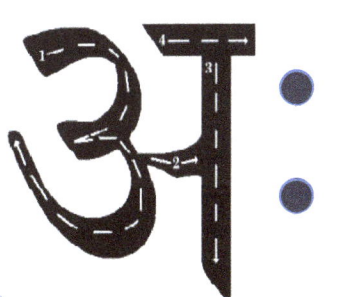

अः

अ अ अ अ अ अ अ

प्रातःकाळ prātaḥkāL

Early Morning

दुःख duḥkh

Sorrow

शान्तिः śāntiḥ

Peace

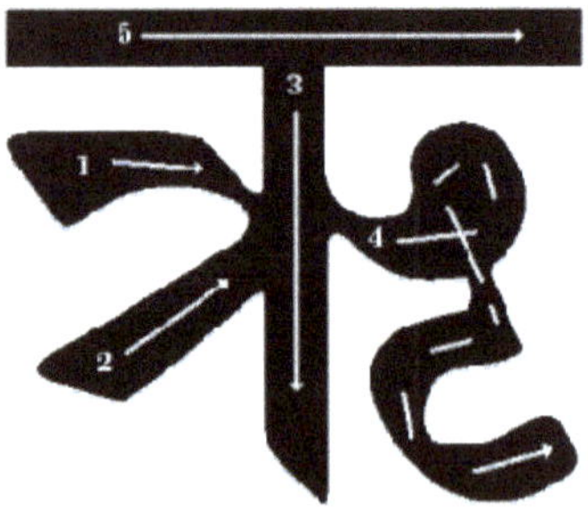

ऋ ऋ ऋ ऋ ऋ ऋ ऋ

ऋषि ṛṣi

Sage

ऋषभ ṛṣabh

Bull

ऋतु ṛtu

Season

क क क क क क क

ka as in come.

कमळ kamaḷa

Lotus

काका kākā

Paternal uncle

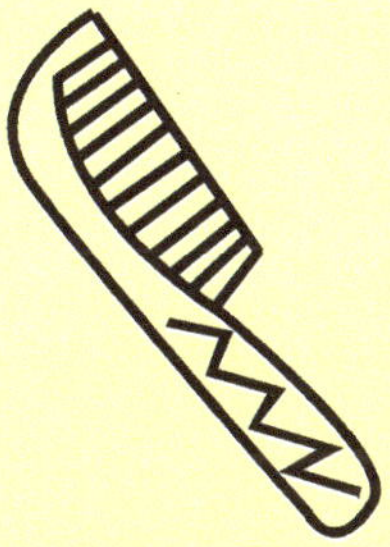

कंगवा kaṁgavā

Comb

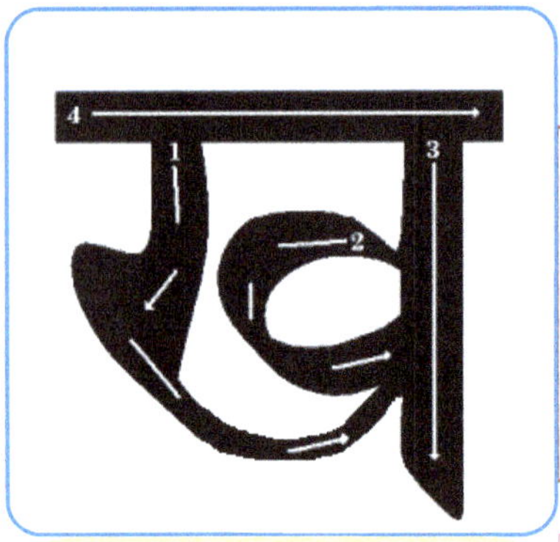

kha as in khaki.

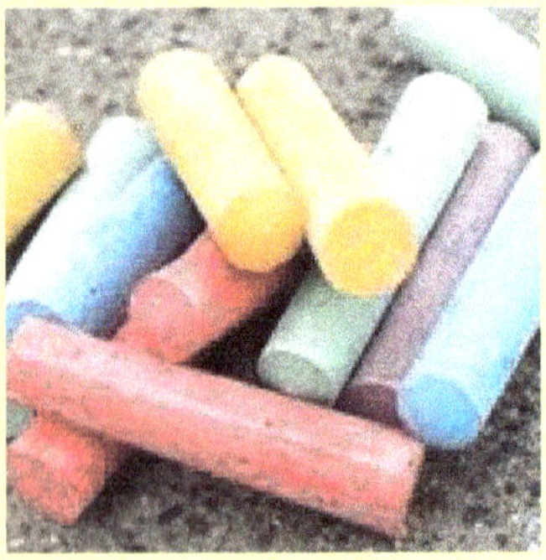

खडू khaḍū

Chalk

खिड़की khiṛakī

Window

खेळणं khēḷaṇaṁ

Toy

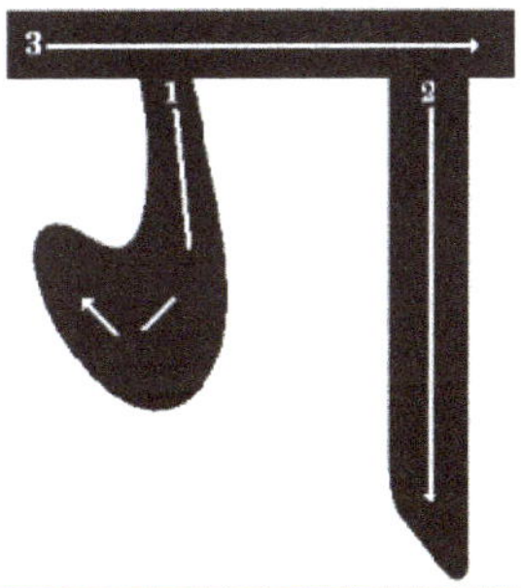

ga as in gum

गवत gavata

Grass

गाय gāy

Cow

गणित gaṇit

Mathematics

घ

घ घ घ घ घ घ घ

घर ghar

House

घंटी ghaṁṭī

Bell

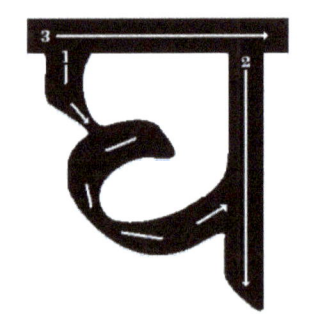

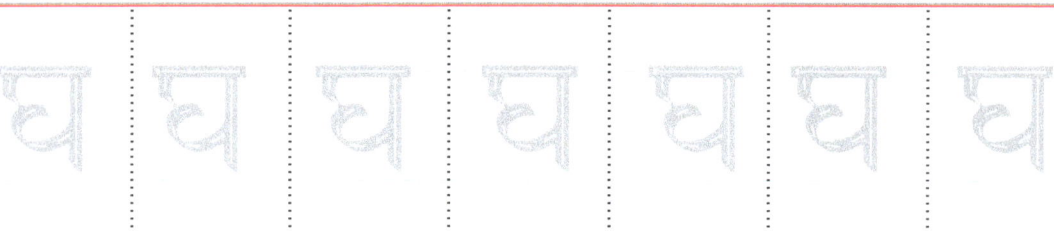

घरटे gharaṭē

Nest

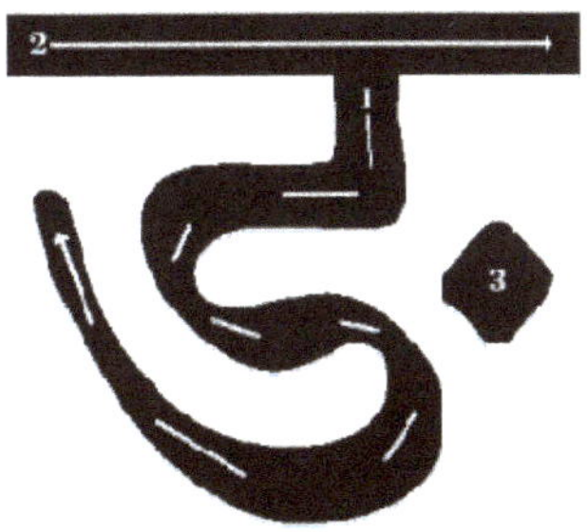

ṅa as in sin̲g

In common use it is replaced by ं

बेङ्लूरू bēṅlūrū

Bengaluru

सायङ्काळ/सायंकाळ

sāyaṅkāḷa Evening

दिनाङ्क/दिनांक

dināṅk Date

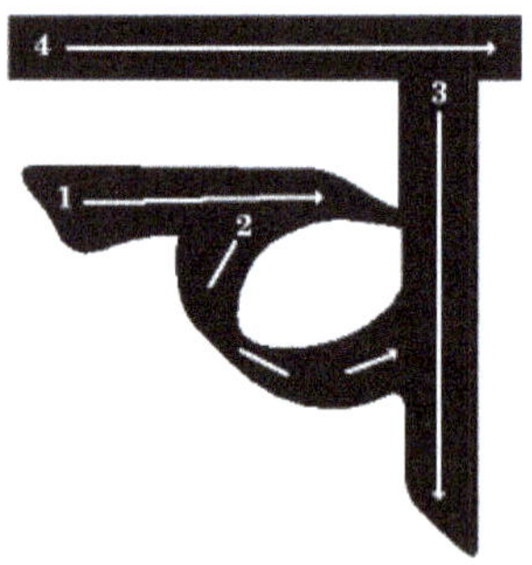

च च च च च च च

ca as in chunk

चंद्र caṁdra

Moon

चाकू cākū

Knife

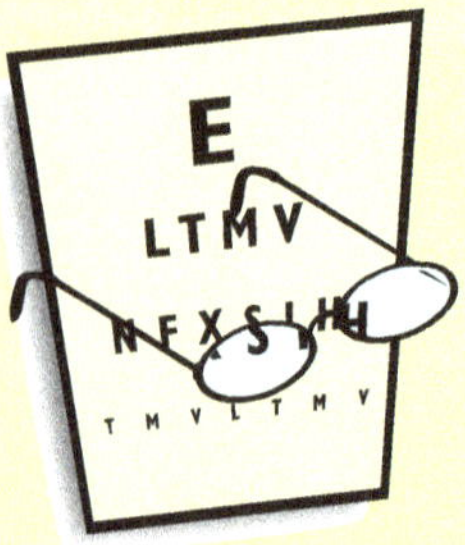

चश्मा caśmā

Glasses

छाया chāyā

Shadow

छोटा/लहान chōṭā

Small

छड़ी chaṛī

Stick

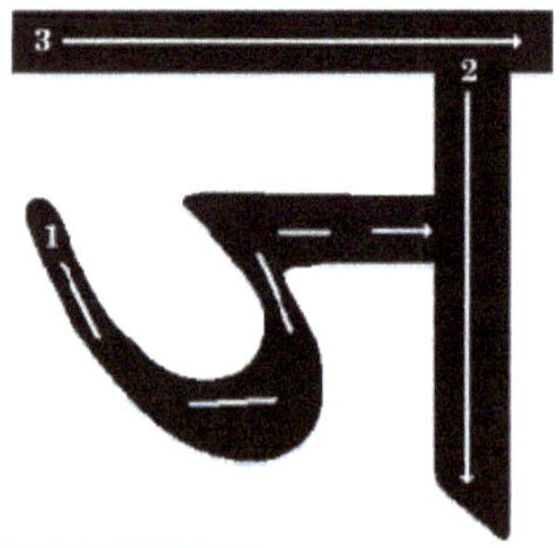

ज ज ज ज ज ज ज

ja as in junk

जहाज jahāj

Ship

जादू jādū

Magic

जाळे jāḷē

Net

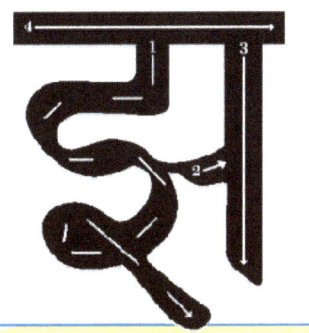

झ

झ झ झ झ झ झ झ

झगा jhagā

Gown

झगडा jhagaḍā

Fight

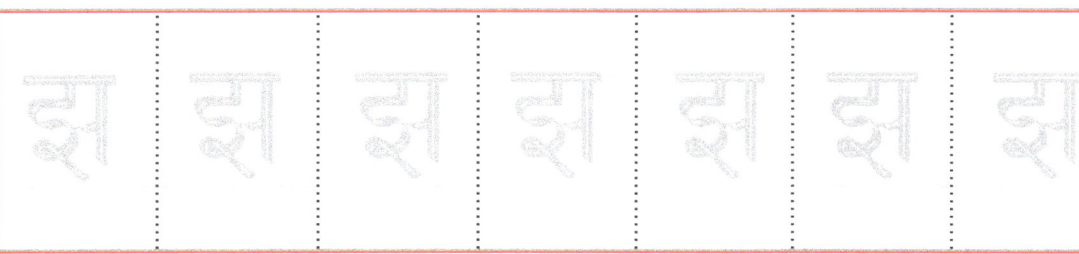

झेंडा jhēṁḍā

Flag

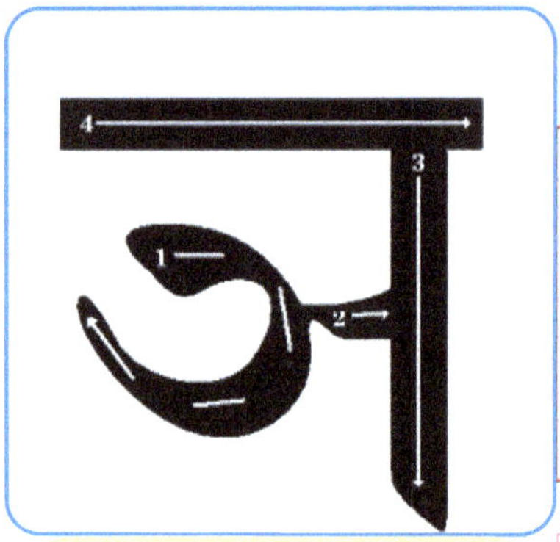

In common use it is replaced by ं

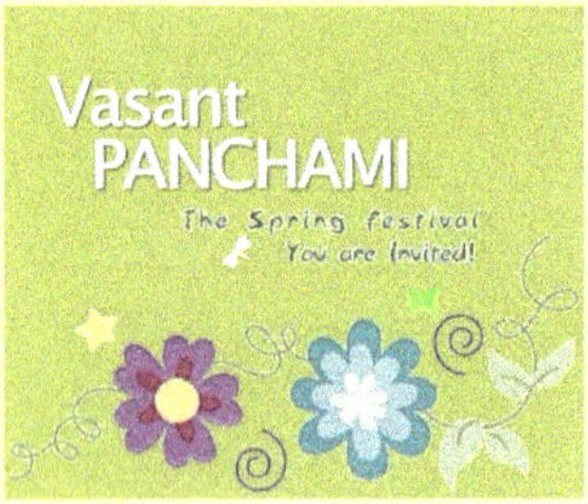

पञ्चमी/पंचमी

pañcamī Fifth day

क ख ग घ ङ

च छ ज झ ञ

व्यञ्जन/व्यंजन

vyañjan

Consonant

५

पाञ्च/पाँच pāñc

Five

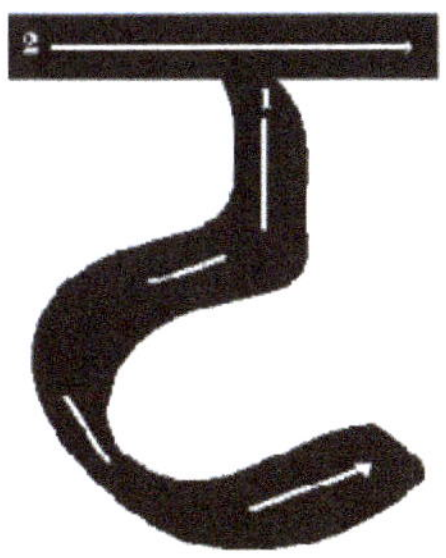

ta as in ṯub

टपालपेटी ṭapālapēṭī

Mailbox

टमाटा ṭamāṭā

Tomato

टाकी ṭākī

Tank

ठ ठ ठ ठ ठ ठ ठ

ṭ as in Thug

ठसा ṭhīk

OK

ठसका ṭhasakā

Dry cough

ठीक ṭhīk

Fine

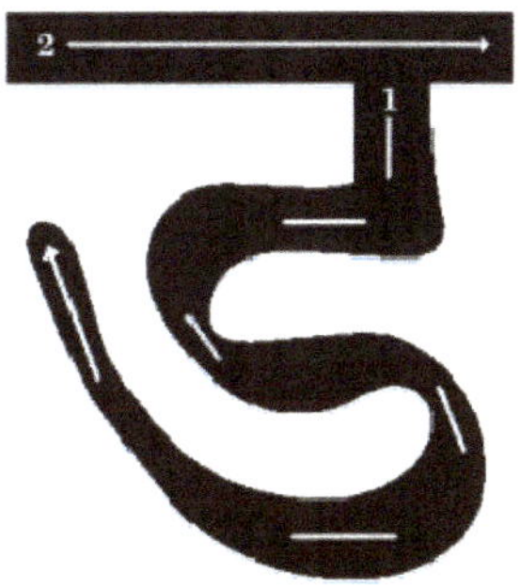

ड ड ड ड ड ड ड

ḍa as in ḍrum

डबी ḍabī

Small box

डाकवाला ḍākavālā

Mailman

डोली ḍōlī

palanquin

ढ ढ ढ ढ ढ ढ ढ

ढग ḍhaga

Clouds

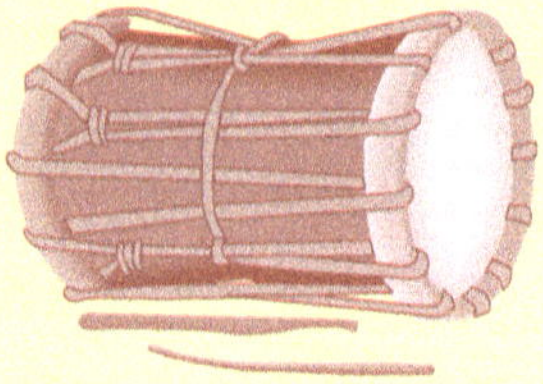

ढोलक ḍhōlak

Indian Drum

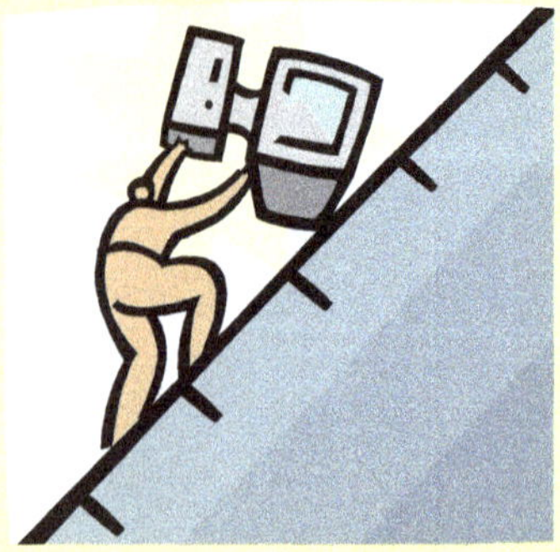

ढाळ ḍhāḷa

Slope

ण

ण ण ण ण ण ण ण

पाण्डव pāṇḍav

Five brothers

१ + २ = ३

७ - २ = ५

गणित gaṇit

Mathematics

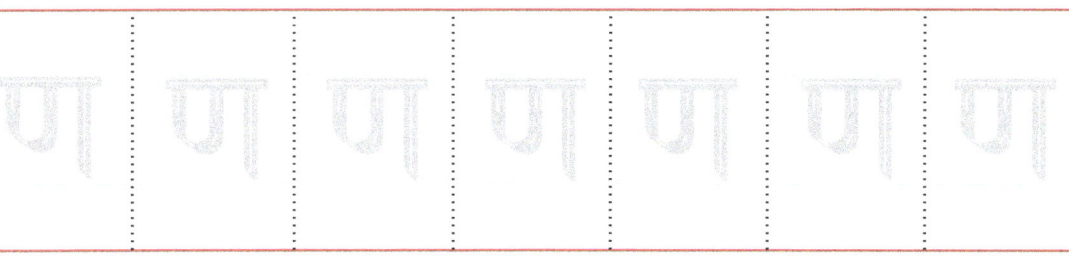

बाण bāṇ

Arrow

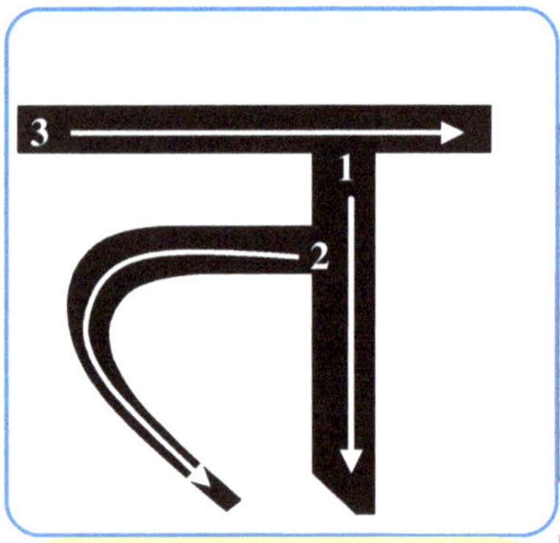

त त त त त त त

तराजू tarājū

Balance

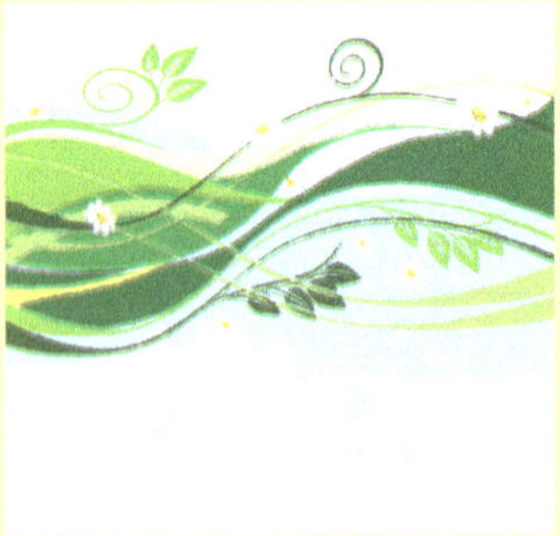

तरंग taraṁg

Wave

थ

थ थ थ थ थ थ थ

th as in <u>th</u>umb

थवा thavā
Plate

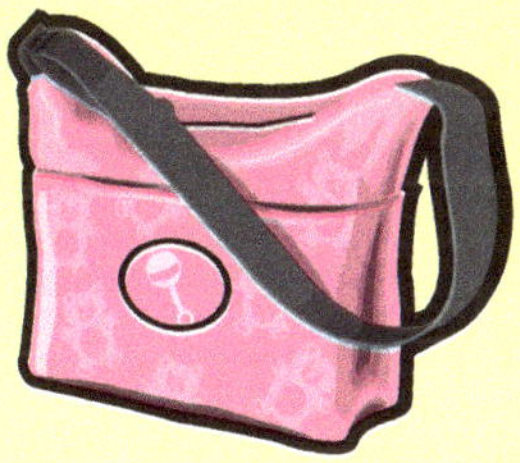

थैली thailī
Bag

थुंकणे thuṁkaṇē
To Spit

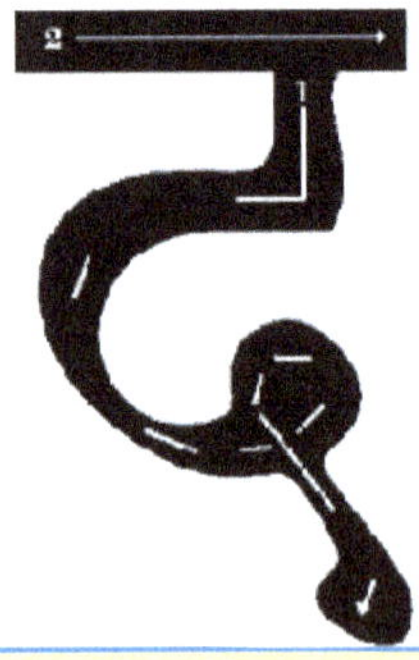

द द द द द द द

da as in this

दरवाजा daravājā

Door

दात dāta

Teeth

दिवा dīvā

Lamp

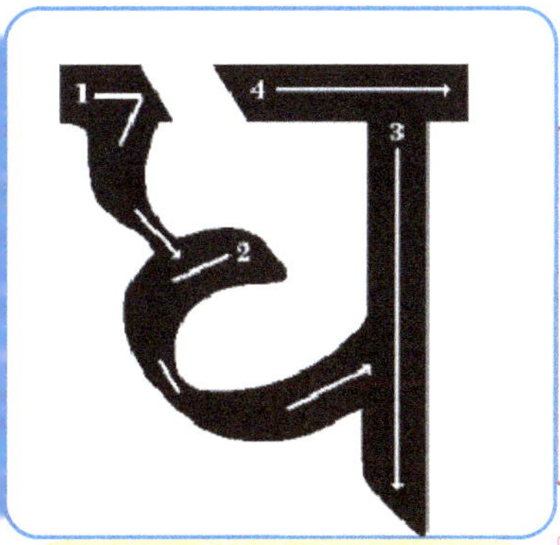

ध ध ध ध ध ध ध

धनुष्य dhanuṣya

Bow

धन्यवाद dhanyavād

Thank you

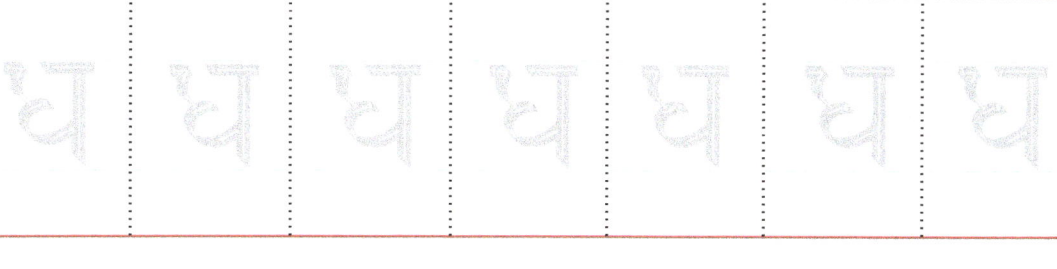

धन dhan

Money

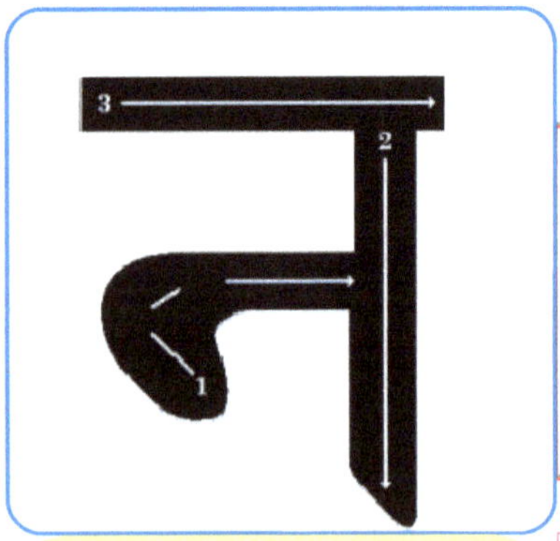

na as in <u>n</u>un

नळ naḷa

Tap

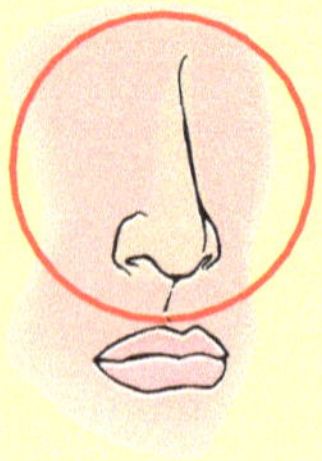

The Nose

नाक nāk

Nose

नमस्ते namastē

Namaste

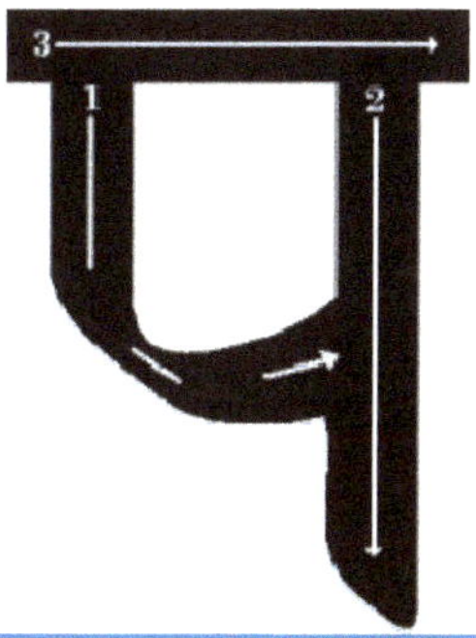

प प प प प प प

pa as in pundit

पतंग pataṁga

Kite

पुस्तक pustak

Book

पान pāna

Leaf

फ फ फ फ फ फ फ

pha as in family

फळा phaḷā

Board

फूल phūl

Flower

फळ phaḷa

Fruit

ba as in bus

बदक badaka

Duck

बस bas

Bus

बांबू bāṁbū

Bamboo

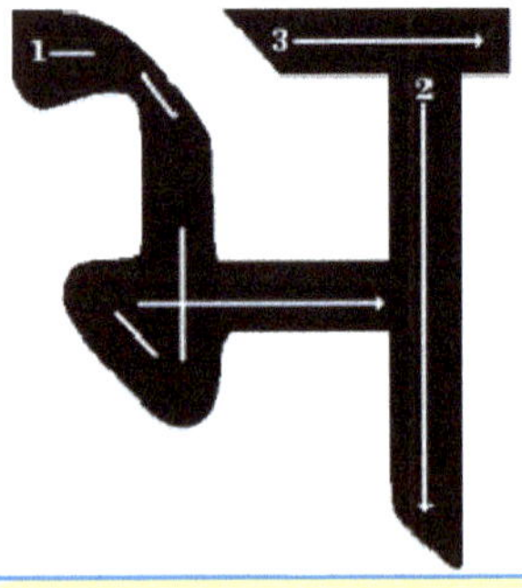

भ भ भ भ भ भ भ

bha as in Bharat

भगवान bhagavān

God

भरणे bharaṇē

Fill

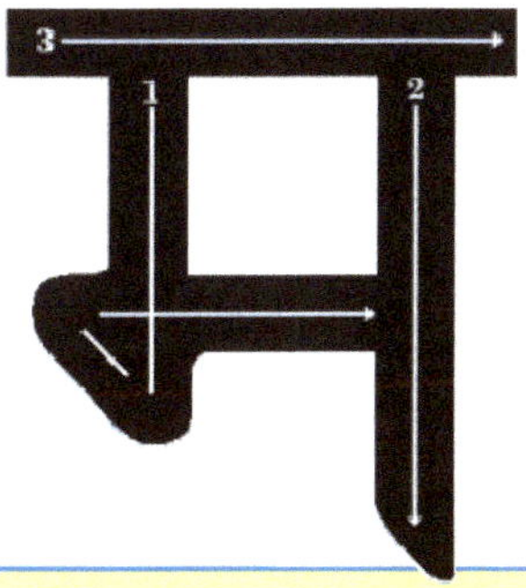

म म म म म म म

ma as in milk

मखमल makhamal

महाग mahāga

Costly

मित्र mitra

Friend

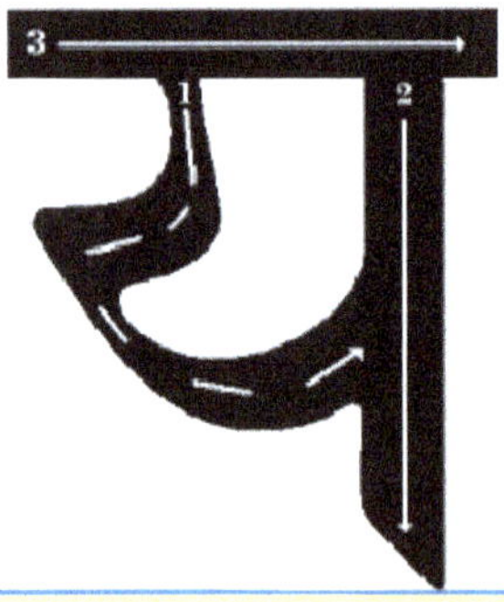

य य य य य य य

ya as in yellow

योगी yōgī

Yogi

यान yān

Ship/Craft

युद्ध yuddh

War

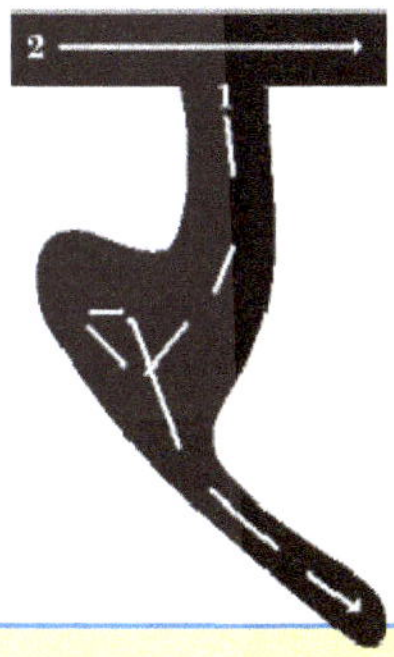

र र र र र र र

ra as in run

रस ras

Juice

रस्ता rastā

Path

रेती rētī

Sand

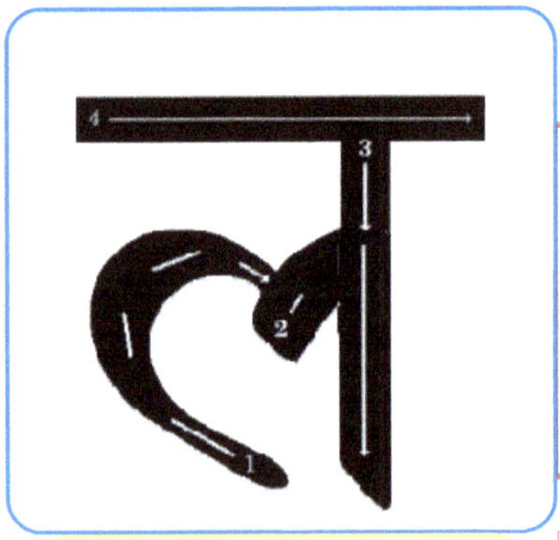

ल ल ल ल ल ल ल

la as in learn

लसूण lasūṇa

Garlic

लांब lāṁba

Long

लाल lāl

Red

व व व व व व व

va as in van

वाहन vāhan

Carrier/Vehicle

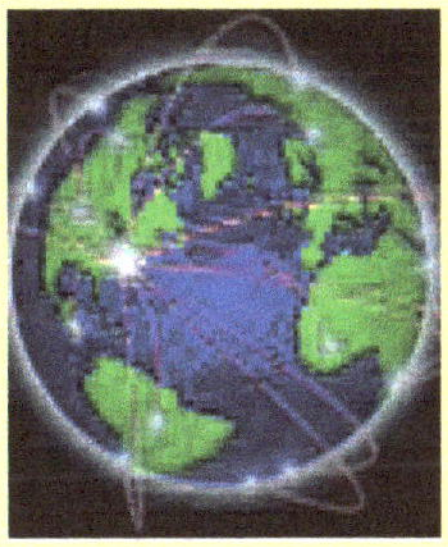

वितरण vitaraṇ

Distribute

विद्या vidyā

Knowledge

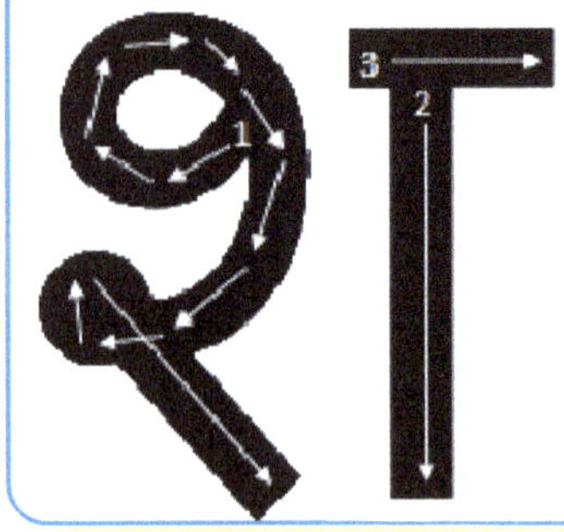

श श श श श श श

śa as in shout

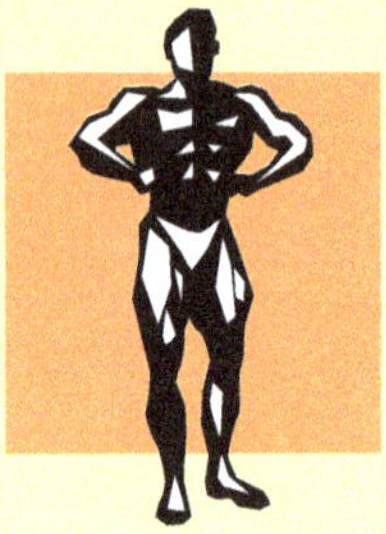

शरीर śarīr

Body

शक्कर śakkar

Sugar

शाळा śāḷā

School

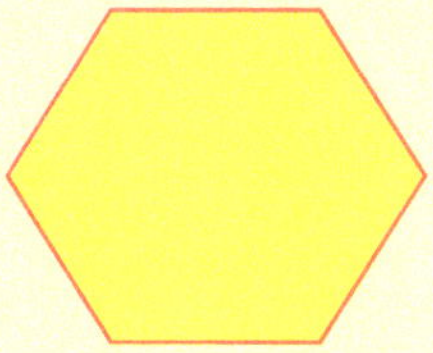

षट्कोन ṣaṭakōna

Hexagon

भाषा bhāṣā

Language

१६

षोडश ṣōḍaśa

Sixteen

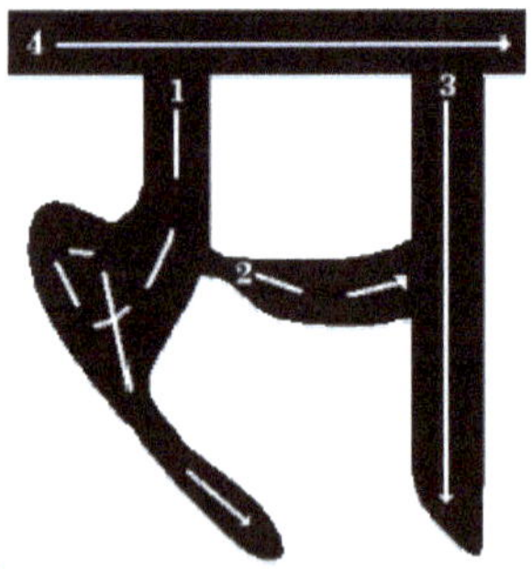

स स स स स स स

sa as in s̲un

ससा sasā

Rabbit

सफरचंद

sapharacaṁda

Apple

सड़क saṛak

Road

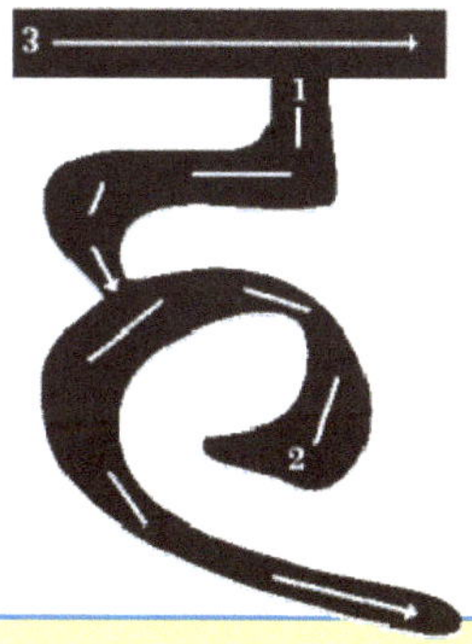

ह ह ह ह ह ह ह

ha as in <u>h</u>ome

हरिण hariṇa

Deer

हंसणें haṁsaṇēṁ

To Laugh

हात hāta

Hand

बाळ bāḷa

Child

केळी kēḷī

Banana

भेळ bhēḷa

Puffed rice snack

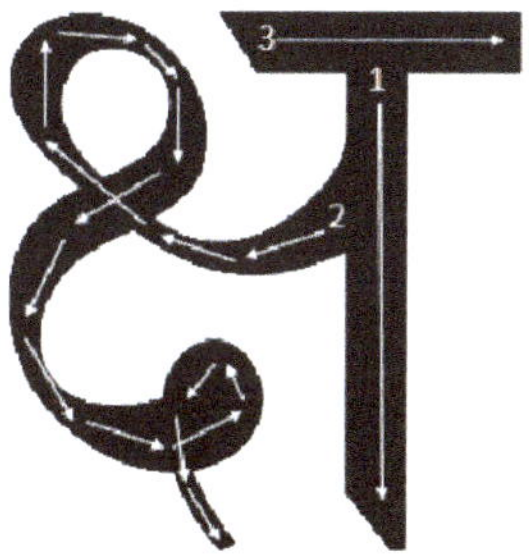

क्षत्रिय kṣatriy

Warrior

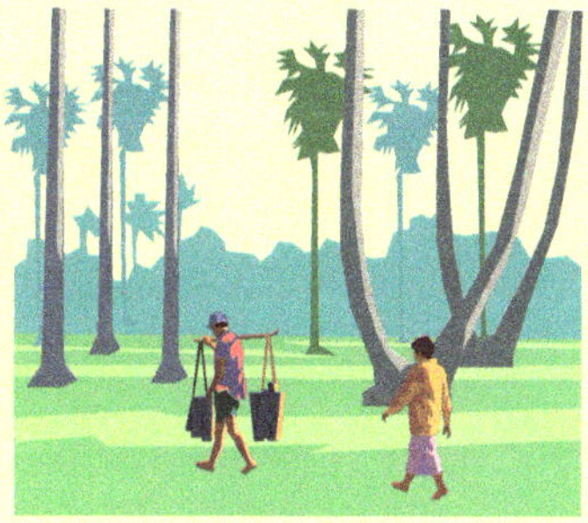

क्षेत्र kṣētr

Fields

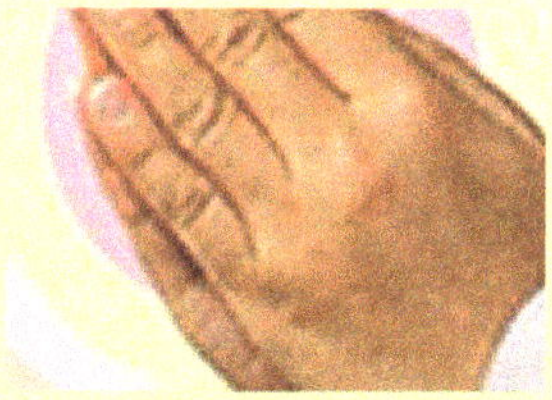

क्षमा kṣamā

Pardon

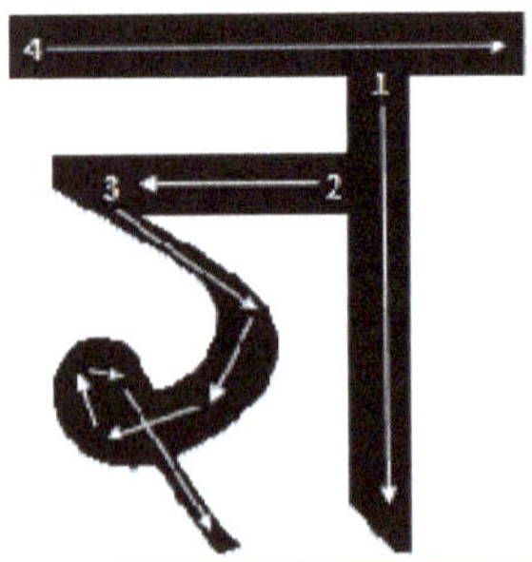

ज्ञ ज्ञ ज्ञ ज्ञ ज्ञ ज्ञ ज्ञ

ज्ञानेश्वर
jñānēśvara

ज्ञान jñān
Knowledge

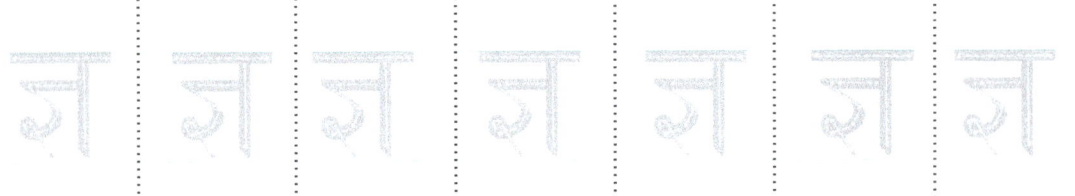

यज्ञ yajña
Religious Offering

शरीराचे अंग śarīrācē aṁg Body Parts

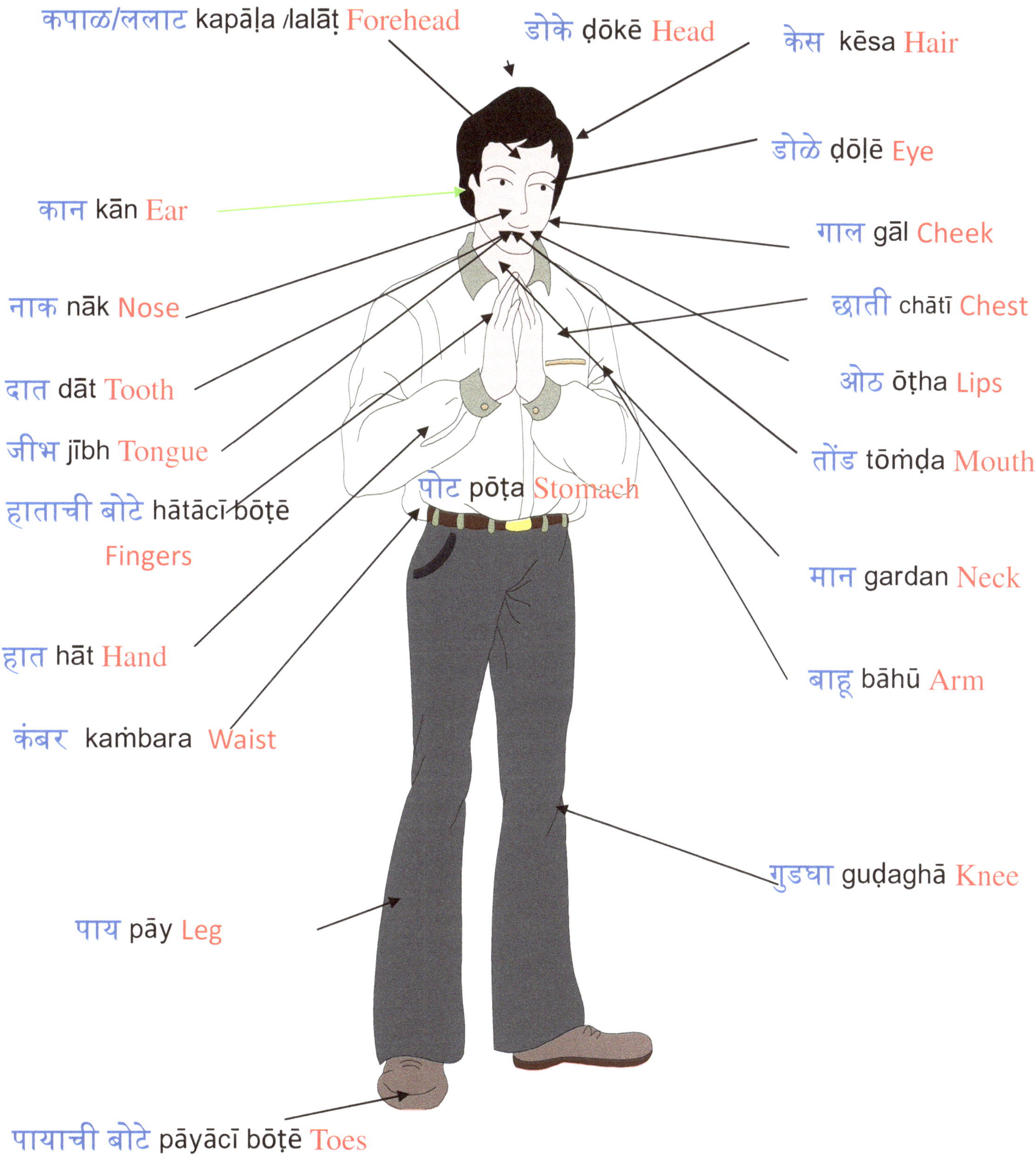

क्रियापद Action/Verbs

वाचणे
vācaṇē
Read

लिहि
lihi
Write

टेका
ṭēkā
Touch

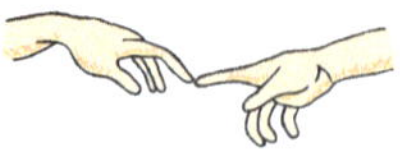

वाका
vākā
Bend

चाल
cāla
Walk

थांबा
thāṁbā
Stop

धाव
dhāva
Run

उडी मार
uḍī māra
Jump

रडणे
raḍaṇē
Cry

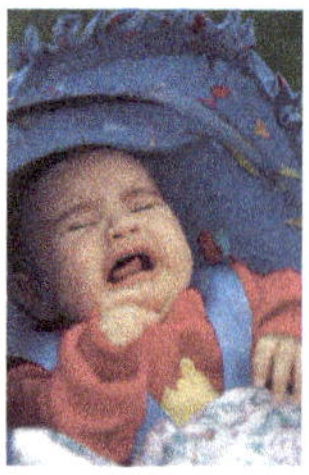

हंस
haṁsa
Laugh

झोप
jhōpa
Sleep

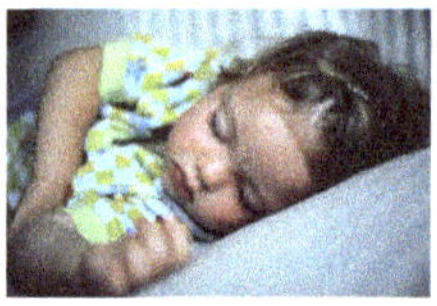

ऊठ
ūṭha
Wake up

खाणे
khāṇē
Eat

धुणे
dhuṇē
Wash

आंघोळ
āṁghōḷa
Bath

खेळ
khēḷa
Play

उतरणे
utaraṇē
come down

चढणे
caḍhaṇē
Climb

येणे
yēṇē
Come

जाणे
jāṇē
Go

बसणें
basaṇēṁ
Sit Down

रंग Color

नारिंगी

nārimgī

Orange

लाल

lāl

Red

नीळा

nīḷā

Blue

पीवळा

pīvaḷā

Yellow

हिरवा

hiravā

Green

जांभळा

jāmbhaḷā

Purple

तपकिरी

tapakirī

Brown

पांढरा

pāmḍharā

White

गुलाबी

gulābī

Rose

काळा

kāḷā

Black

आकार Shape

चौकोन

caukōna

Square

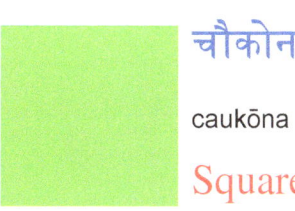

वर्तुळ

vartuḷa

Circle

त्रिकोण

trikōṇa

Triangle

आयत

āyata

Rectangle

भाज्या Vegetables

दुधी
dudhī
Long Gourd

बटाटा
baṭāṭā
Potato

कांदा
kāṁdā
Onion

कारले
kāralē
Bitter Gourd

टोमॅटो
ṭōmêṭō
Tomato

भेंडी
bhēṁḍī
Okra

भोपळा
bhōpaḷā
Pumpkin

वांगे
vāṁgē
Eggplant

गाजर
gājar
Carrot

लसून
lasūna
Garlic

फ्लावर
phlāvara
Cauliflower

कोबी
kōbī
Cabbage

आले
ālē
Ginger

मिरची
miracī
Hot-Pepper

शिमला मिरची
śimalā miracī
Bell Pepper

पालक
pālak
Spinach

मुळा
muḷā
Radish

काकडी
kākaḍī
Cucumber

वाटाणा
vāṭāṇā
Peas
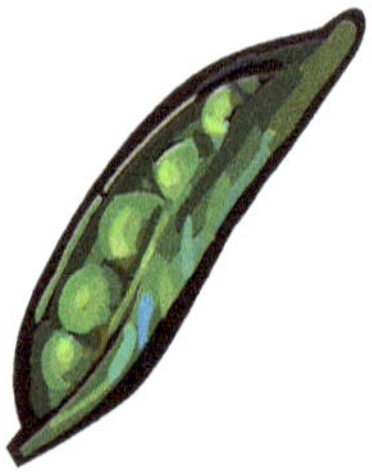

रताळे
ratāḷē
Sweet Potato

कोथिंबीर
kōthiṁbīra
Cilantro

फळे Fruits

आंबा
āṁbā
Mango

पेरू
pērū
Guava

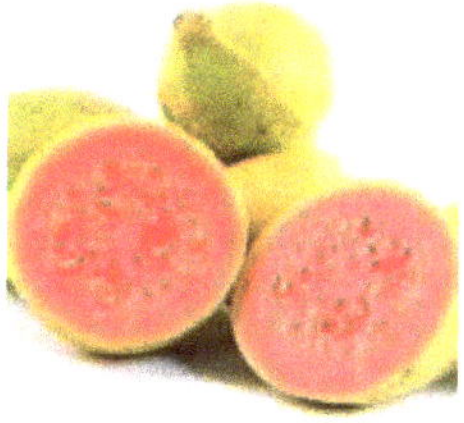

द्राक्ष
drākṣa
Grapes

सप्ताळू
saptāḷū
Peach

डाळिंब
ḍāḷiṁba
Pomegranate

नासपती
nāsapatī
Pear

केळी
kēḷī
Banana

नारिंगी
nāriṁgī
Orange

सफरचंद
sapharacaṁda
Apple

अननस
ananasa
Pineapple

कलिंगड
kaliṁgaḍa
Watermelon

सीताफळ
sītāphaḷa
custard apple

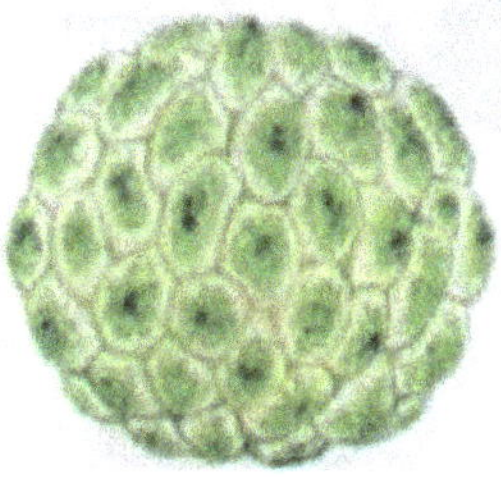

फणस
phaṇasa
Jackfruit

जाभूळ
jābhūḷa
java plum

दरदिवशी वस्तू Everyday Things

पुस्तक
pustak
Book

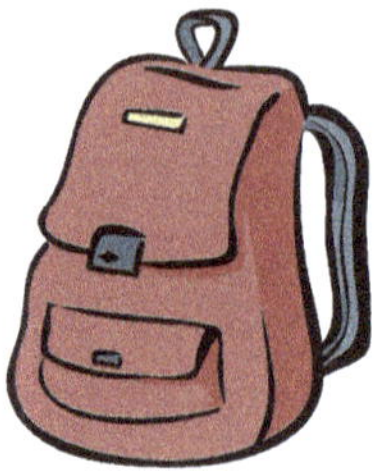

पिशवी
piśavī
Bag

कलम
kalam
Pen

खुर्ची
khurcī
Chair

मेज
mēj
Table

कातर
kātara
Scissors

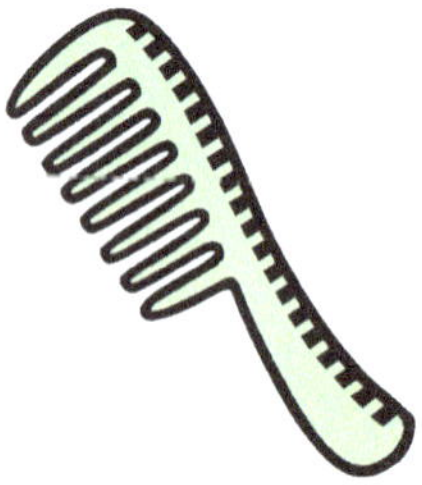

कंगवा
kaṁgavā
Comb

बाहुली
bāhulī
Doll

खिड़की
khiṛakī
Window

आरसा
ārasā
Mirror

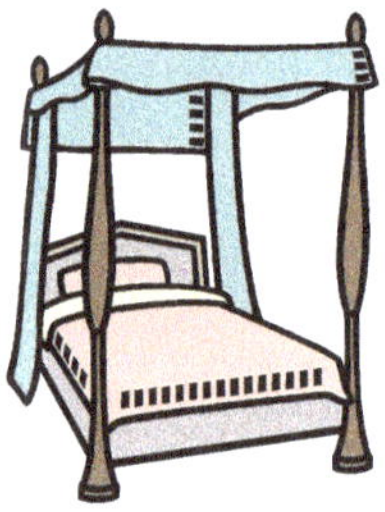

पलंग
palaṁga
Bed

दार
dāra
Door

उशी
uśī
Pillow

कपाट
kapāṭa
Cupboard

बूट
būṭa
Shoe

चष्मा
caṣmā
Glasses

घर
ghar
House

बाग
bāga
Garden

पाळीव प्राणी Pet Animals

मांजर māṁjara Cat

बैल baila Bull

म्हैस mhaisa Buffalo

मेढी mēḍhī Sheep

बकरी bakarī Goat

ससा sasā Rabbit

गाय gāya Cow

कुत्रा kutrā Dog

गाढव gāḍhava Donkey

डुक्कर ḍukkara Pig

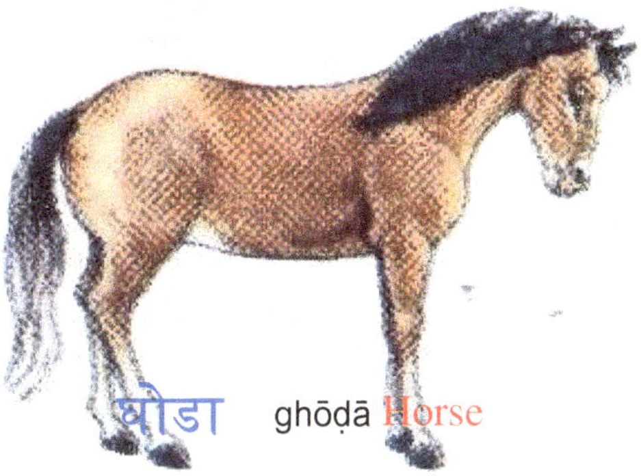

घोडा ghōḍā Horse

उंट umṭa Camel

जंगली प्राणी Pet Animals

झेब्रा jhēbrā Zebra

वाघ vāgha

जिराफ jirāpha Giraffe

हरिण hariṇa Deer

सिंह siṁha Lion

माकड mākaḍa Monkey

कांगारू kāṁgārū Kangaroo

चित्ता cittā Cheetah

हत्ती hattī Elephant

पाणघोडा pāṇaghōḍā Hippopotamus

कोल्हा kōlha Fox

अस्वल asvala Bear

गेंडा gēṁḍā Rhino

मोजा आणि अंक लिहा Count and write the number

एक ēk One

१

दोन dōn Two

२

तीन tīn Three

३

चार chār Four

४

पाच pāch Five

५

मोजा आणि अंक लिहा Count and write the number.

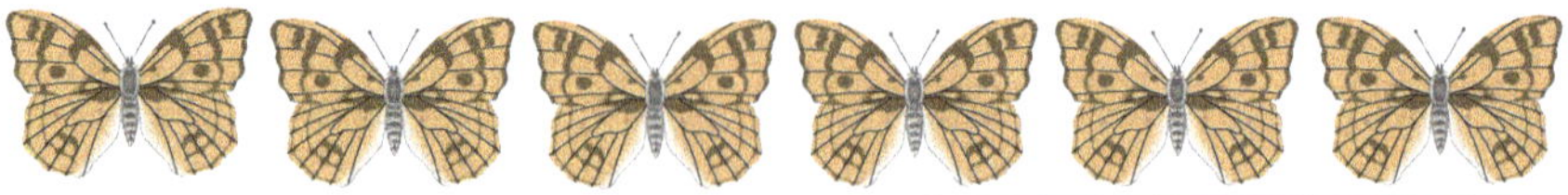

सहा sahā Six

६

सात sāt Seven

७

आठ āṭh Eight

८

नऊ naū Nine

९

दहा dahā Ten

१०

अंक पहा आणि लिहा

Read the number and write

अकरा akarā Eleven

११						

बारा bārā Twelve

१२						

तेरा tērā Thirteen

१३						

चौदा chaudā Fourteen

१४						

पंधरा paṁdharā Fifteen

१५						

अंक पहा आणि लिहा
Read the number and write

सोळा sōḷā Sixteen

१६						

सतरा satarā Seventeen

१७						

अठरा aṭharā Eighteen

१८						

एकोणीस ēkōṇīsa Nineteen

१९						

वीस vīsa Twenty

२०						

शरीराचे अंग śarīrācē aṁg Body Parts

कपाळ/ललाट kapāḷa /lalāṭ

डोके ḍōkē

केस kēsa

डोळे ḍōḷē

कान kān

गाल gāl

नाक nāk

छाती chātī

दात dāt

ओठ ōṭha

जीभ jībh

तोंड tōṁḍa

हाताची बोटे hātācī bōṭē

मान gardan

हात hāt

बाहू bāhū

कंबर kaṁbara

गुडघा guḍaghā

पाय pāy

पायाची बोटे pāyācī bōṭē

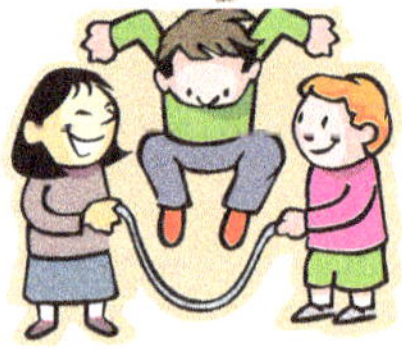

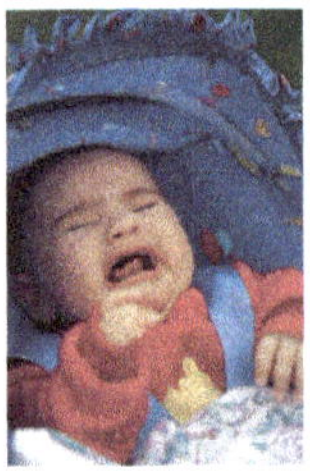

वाचणे	लिहि	टेका
vācaṇē	lihi	ṭēkā
वाका	चाल	थांबा
vākā	cāla	thāṁbā
धाव	उडी मार	रडणे
dhāva	uḍī māra	raḍaṇē
हंस	झोप	ऊठ
haṁsa	jhōpa	ūṭha
खाणे	धुणे	आंघोळ
khāṇē	dhuṇē	āṁghōḷa
खेळ	उतरणे	चढणे
khēḷa	utaraṇē	caḍhaṇē
येणे	जाणे	बसणें
yēṇē	jāṇē	basaṇēṁ

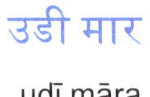

रंग Color

नारिंगी
nāriṁgī

लाल
lāl

नीळा
nīḷā

पीवळा
pīvaḷā

हिरवा
hiravā

जांभळा
jāṁbhaḷā

तपकिरी
tapakirī

पांढरा
pāṁḍharā

गुलाबी
gulābī

काळा
kāḷā

आकार Shape

चौकोन
caukōna

वर्तुळ
vartuḷa

त्रिकोण
trikōṇa

आयत
āyata

भाज्या Vegetables

दुधी	बटाटा	कांदा
dudhī	baṭāṭā	kāṁdā
कारले	टोमॅटो	भेंडी
kāralē	ṭōmêṭō	bhēṁḍī

भोपळा	वांगे	गाजर
bhōpaḷā	vāṁgē	gijar
लसून	फ्लावर	कोबी
lasūna	phlāvara	kōbī

आले	मिरची	शिमला मिरची
ālē	miracī	śimalā miracī
पालक	मुळा	काकडी
pālak	muḷā	kākaḍī

वाटाणा	रताळे	कोथिंबीर
vāṭāṇā	ratāḷē	kōthiṁbīra

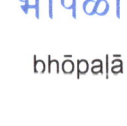

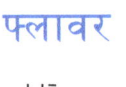

फळे Fruits

आंबा

āṁbā

पेरू

pērū

द्राक्ष

drākṣa

सप्ताळू

saptāḷū

डाळिंब

ḍāḷiṁba

नासपती

nāsapatī

केळी

kēḷī

नारिंगी

nāriṁgī

सफरचंद

sapharacaṁda

अननस

ananasa

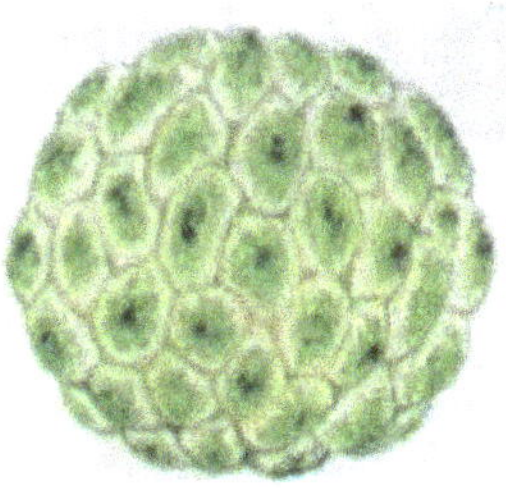

कलिंगड

kaliṁgaḍa

सीताफळ

sītāphaḷa

फणस

phaṇasa

जाभूळ

jābhūḷa

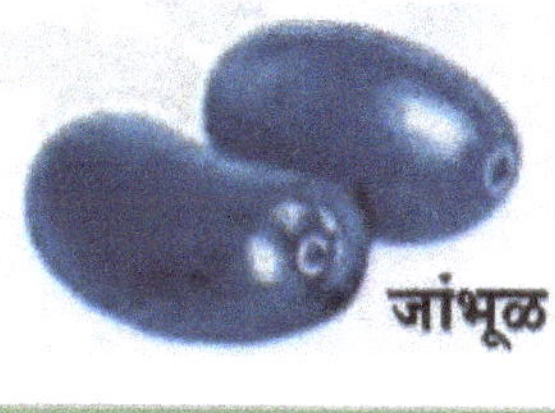

दरदिवशी वस्तू Everyday Things

पुस्तक pustak	पिशवी piśavī	कलम kalam

खुर्ची khurcī	मेज mēj	कातर kātara

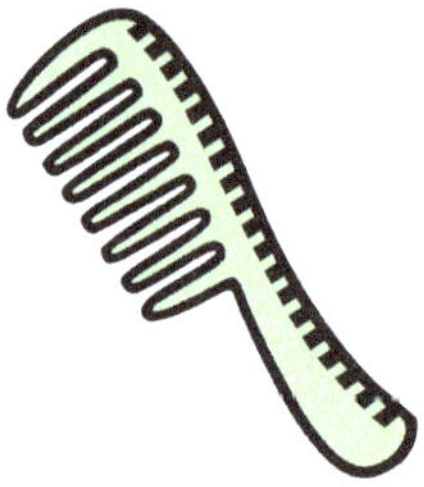

कंगवा kaṁgavā	बाहुली bāhulī	खिड़की khiṛakī

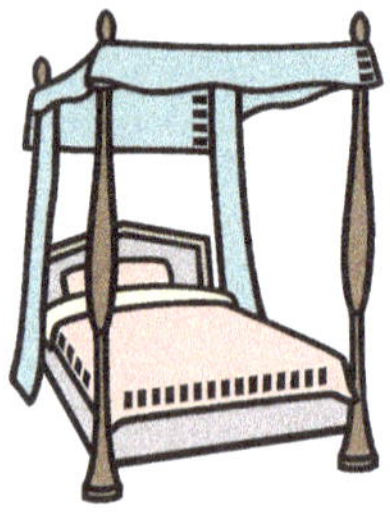

आरसा ārasā	पलंग palaṁga	दार dāra

उशी uśī	कपाट kapāṭa	बूट būṭa

चष्मा caṣmā	घर ghar	बाग bāga

www.ingramcontent.com/pod-product-compliance
Lightning Source LLC
Chambersburg PA
CBHW061105070526
44579CB00011B/136
9781956679106